VENTE

Du Mardi 24 Mai 1904

HÔTEL DROUOT, SALLE N° 7

à deux heures

AQUARELLES

DESSINS

GOUACHES, MINIATURES

Provenant de l'Atelier et de la Collection

DE

E.-C. LE GUAY

COMMISSAIRE-PRISEUR

Me PAUL CHEVALLIER

EXPERT

M. JULES FÉRAL

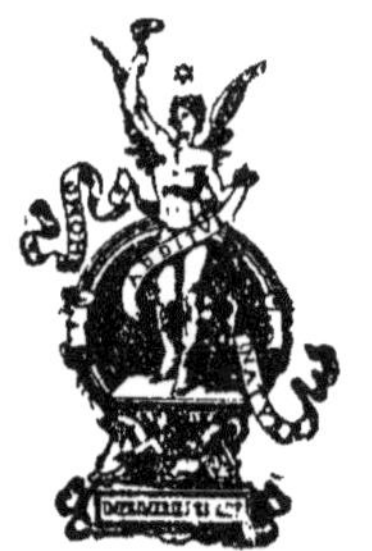

CATALOGUE

DES

AQUARELLES, DESSINS

GOUACHES, MINIATURES

PAR

Étienne-Charles LE GUAY

(1762-1840)

Peintre de Chasse du Prince de Condé

Peintre-Miniaturiste à la Manufacture de Sèvres

ET AUTRES PAR

BOILLY, DAVID, BOUCHER

Mme JACQUOTOT, REDOUTÉ, TROYON, ETC., ETC.

Le tout provenant de son Atelier et de sa Collection

Et dont la vente aura lieu

HOTEL DROUOT, SALLE N° 7

LE MARDI 24 MAI 1904

A DEUX HEURES

COMMISSAIRE-PRISEUR	EXPERT
Me PAUL CHEVALLIER	M. JULES FÉRAL
10, rue Grange-Batelière	54, faubourg Montmartre

EXPOSITION PUBLIQUE

Le Lundi 23 Mai 1904, de 1 h. 1/2 à 5 h. 1/2

CONDITIONS DE LA VENTE

Elle sera faite au comptant.

Les acquéreurs payeront *dix pour cent* en sus des prix d'adjudication.

Paris —Imp. de l'Art, E. MOREAU et Cie, 41, r. de la Victoire

DÉSIGNATION

Œuvres de LE GUAY

1 — *Portrait du fils de l'Artiste.*
   Miniature de forme ovale.
   Signée à droite.

2 — *Les Cascades de Tivoli.*
   Dessin à l'encre de Chine.

3 — *Fleurs, oiseaux et attributs.*
   Motifs de décoration pour la Manufacture de
Vincennes.

4 — *Vue de la Croix-de-Noailles, près Saint-
Germain.*
   Crayon noir et sanguine.

5 — *Bacchus enfant.*
   Estompe.

6 — *Le Refuge.*
   Crayon noir et estompe.

7 — *Le Rendez-vous.*
   Crayon noir.
   Signé à droite.

8 — *Le Portrait.*

Crayon noir.
Signé à droite.

9 — *Les Amours désarmés.*

Aquarelle pour la Manufacture de Sèvres.
Signée et datée *1820.*

10 — *Les Amours musiciens.*

11 — *Les Amours endormis.*

Deux médaillons au lavis de bistre, faisant pendants.

12 — *Buste de Jeune Femme.*

Miniature.

13 — *Tête d'Enfant.*

Aquarelle.

14 — *La Petite Fille au chien.*

Miniature d'après GREUZE.

15 — *Entrée de parc.*

Crayon noir.
Signé à gauche.

16 — *Portrait d'Homme en habit bleu.*

Miniature.

17 — *Jeune Fille blonde en robe blanche.*

Miniature.

18 — *Paysage avec berger et animaux.*

Gouache de forme ronde.

19 — *Vénus et l'Amour.*

Dessin de forme ronde, au crayon noir, d'après BOUCHER.

20 — *Jeune Femme blonde en corsage rose.*

21 — *Jeune Femme brune en robe bleue.*

22 — *Portrait d'Homme âgé.*

Plaques de Sèvres.

23 — *La Tentation.*

Aquarelle de forme ronde.

24 — *Le Colin-Maillard.*

Dessin à la mine de plomb.
Signé à droite.

25 — *Bouquet de roses, de lilas et de bleuets.*

Aquarelle sur soie.

26 — *Fête publique autour d'un arbre de la Liberté.*

Croquis à la mine de plomb.
Signé des initiales.

27 — *Amours se disputant une couronne.*

Lavis de bistre.
Signé à gauche.

28 — *Faune et Bacchante.*

Sanguine.

29 — *Jeune Femme brune aux cheveux bouclés.*

Estompe.
Signé à droite.

30 — *L'Homme aux bésicles.*

Estompe rehaussée de blanc.

31 — *Les Voleurs.*

Lavis d'encre de Chine sur trait de plume.

32 — *Chasse du Prince de Condé, à Chantilly.*

Crayon noir.

33 — *Le Passage du Gué.*

Estompe et crayon noir.
Signé à gauche.

34 — *Les Amours enchaînés et désarmés.*

Lavis d'encre de Chine, rehaussé de blanc.
Signé à droite.

35 — *L'Oiseau mort.*

Mine de plomb.

36 — *Les trois Grâces enguirlandées de fleurs.*

Crayon noir et estompe.
Signé à droite.

37 — *La Leçon de chant.*

Mine de plomb.
Signé à droite.

38 — *La Dormeuse.*

Crayon noir et estompe.

39 — *Portrait de la Duchesse de Guiche.*

Aquarelle gouachée.

40 — *Les Deux Sœurs.*

Aquarelle.

41 — *Portrait d'Homme en buste.*

Dessin de forme ovale, au crayon noir et à l'estompe, rehaussé de sanguine.

42 — *Lady Washington.*

Crayon noir et estompe rehaussés de sanguine.

43 — *Les Trois Grâces.*

Importante aquarelle gouachée.

44 — *Portrait de Madame Tallien.*

Crayon noir et estompe rehaussés de blanc.
Signé sous l'encadrement.

45 — *Portrait de l'Artiste.*

Crayon noir.
Signé à droite.

46 — *L'Heureuse fécondité.*

Aquarelle.

47 — *Portrait de Mademoiselle Mars.*

Crayon noir et estompe.
Signé à droite.

48 — *Chute de l'Artiste dans son atelier.*

Lavis de bistre.

49 — *Jeune Femme debout.*

Vue de dos, les cheveux bouclés et pendants, elle porte une large jupe relevée sur son bras gauche.
Beau dessin, au crayon noir et à la sanguine, rehaussé de blanc.
Signé à gauche.

5o — *Jeune Femme assise.*

> Coiffée d'un grand chapeau à plume et ruban ;
> elle est assise de profil sur une chaise, porte une
> robe à la jupe amplement drapée et teint à la
> main un feuillet.
>
> Très beau et important dessin, au crayon noir
> et à la sanguine, rehaussé de blanc.

5 1 — Aquarelles, dessins et miniatures non cata-
logués.

AQUARELLES, DESSINS

ET MINIATURES

BOILLY (L.)

5 2 — *Grimaces.*

> Crayon noir.

BOUCHER (F.)

53 — *La Laveuse.*

> Crayon noir rehaussé de pastel.

BOUCHER (Attribué à F.)

54 — *Paysages des environs de Beauvais.*

> Pierre d'Italie.

DAVID (Louis)

55 — *Figure allégorique.*
Crayon noir rehaussé de sanguine.

56 — *L'Orateur public.*
Encre de Chine.

JACQUOTOT (Mme)

57 — *Portrait de la Duchesse d'Angoulême.*
Plaque de Sèvres.

58 — *Portrait d'Homme.*
Plaque de Sèvres.

PRUD'HON (Attribué à)

59 — *Les Amours vainqueurs.*

60 — *Les Amours vaincus.*
Gouaches faisant pendants.

61 — *La Danse.*
Crayon noir rehaussé de blanc sur papier bleu.

REDOUTÉ

62 — *Œillets.*
Aquarelle.

63 — *Roses dans un verre.*
Miniature.

TROYON (C.)

64 — *Portrait d'un employé de la Manufacture de Sèvres.*

> Aquarelle.

65 — *Vues prises aux environs de Sèvres.*

> Trois aquarelles.

66 — *Portrait de l'Artiste à l'âge de 22 ans.*

> Crayon noir.

TROYON (C.)

67 — *Les Charpentiers.*

> Crayon noir.

68 — *La Porte de Ville-d'Avray.*

> Lavis de bistre.
> Dessin de la jeunesse de l'artiste.

ÉCOLE FRANÇAISE (XVIIIe siècle)

69 — *Paysage entouré d'arabesques.*

> Dessin à la mine de plomb pour un écran.

70 — *Les Enfants de France.*

> Gravure de BLOT, d'après Mme VIGÉE-LEBRUN.

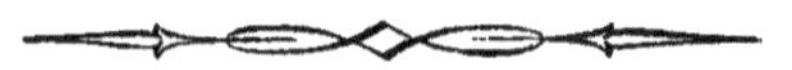